REMUE-MÉNAGE

AU

NOM DE LA LIBERTÉ

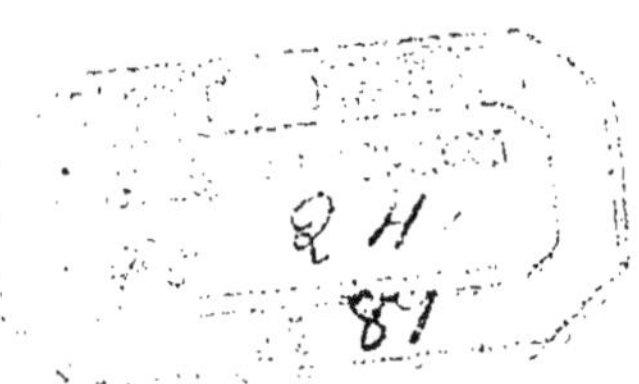

> O liberté, liberté, que de crimes
> on commet en ton nom!
>
> Mme ROLAND.

MONTAUBAN

IMPRIMERIE NOUVELLE. — J.-E. BALLARD

1, PLACE D'ARMES, 1

1881

J*** R***

REMUE-MÉNAGE

AU

NOM DE LA LIBERTÉ

> O liberté, liberté, que de crimes
> on commet en ton nom!
>
> Mᵐᵉ ROLAND.

MONTAUBAN

IMPRIMERIE NOUVELLE. — J.-E. BALLARD

1, PLACE D'ARMES, 1

1881

INTRODUCTION

C'est à la jeunesse française, à la jeunesse catholique, que je fais hommage du fruit modeste de mes efforts.

Bien que dépourvue de la double autorité de l'âge et de l'expérience, cette œuvre ne sera point le caprice d'une imagination fantaisiste.

D'une part, un élan enthousiaste et patriotique; de l'autre, une aversion légitime pour tout indice de despotisme honteux, une indignation invincible pour tout ce qui blesse et déshonore mes droits de catholique et de citoyen français; tels sont les sentiments bien opposés auxquels j'emprunte ces quelques réflexions sur des réalités bien douloureuses qui, depuis six mois, au nom d'un principe faussement entendu, frappent sans appel tout ce qui offre quelques garanties respectables.

C'est moins, cependant, une critique des violences

inouïes, dont la France s'irrite, qu'une analyse des funestes excès qui menacent fortement de tout compromettre : la gloire du passé, l'espérance de l'avenir, les intérêts du présent.

Étant donnée l'absurdité des principes qu'épousent aujourd'hui, sans le moindre contrôle de la probité, les sommités opportunistes ; les conséquences les plus redoutables résulteront rigoureusement de ces données anti-sociales.

Déjà un vague indescriptible devient le présage d'une prochaine perturbation. Les premières vépres d'une période néfaste ont sonné au 29 mars, au 30 juin 1880 ; elles sonneront encore aux assises solennelles, où siègera le peuple français, devant le jury de la conscience, et c'est de cette lutte du scrutin que sortira dans les grandes élections ou la ruine totale ou la prospérité universelle de notre patrie.

Or, protester énergiquement contre toute désorganisation illégale, flétrir des abus innovés au nom d'une prétendue liberté, telle est la doctrine de cet écrit que nous dédions, nous aussi, mais au nom de la vraie liberté, à ceux qui auront à cœur de sauvegarder à la fois leur propre sécurité avec leurs intérêts les plus chers et les plus inviolables.

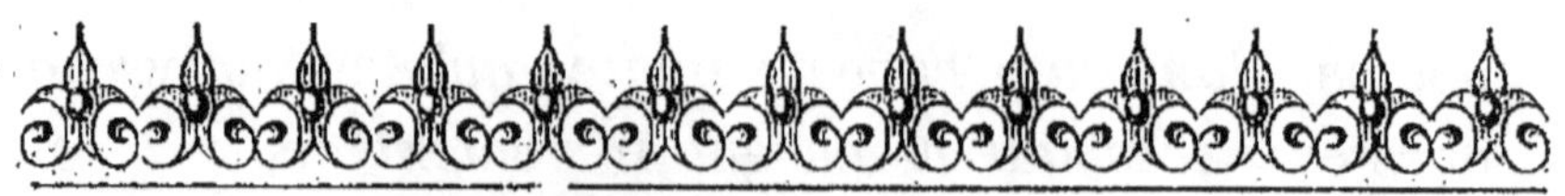

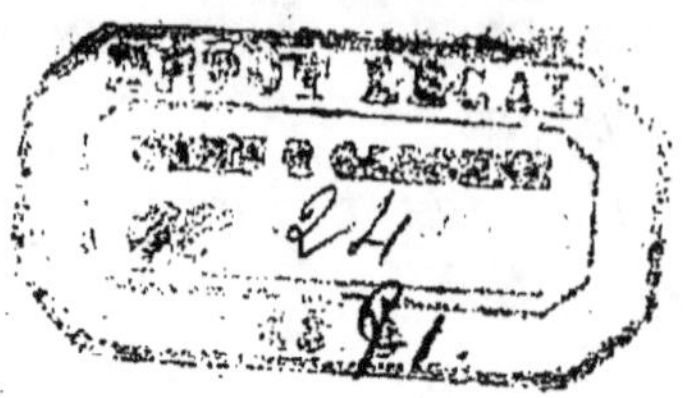

PREMIÈRE PARTIE

——✳——

AU NOM DE LA LIBERTÉ

————

Au nom de la liberté, Whitehall fut le théâtre d'un crime, le plus épouvantable dont l'histoire ait gardé le souvenir. Au nom de la liberté, un roi de France paya de sa tête le grand crime de sa popularité et la faute énorme d'avoir pardonné aux scélérats de la Révolution. Au nom de la liberté, la Convention décréta les plus affreux massacres contre de citoyens patriotes et inoffensifs. Au nom de la liberté, on usurpe le trône, on insulte à toute domination, on sème partout la terreur et l'épouvante, on proclame la Révolution le plus sacré et le plus inviolable des devoirs, on dresse l'échafaud, et c'est là, où après y avoir immolé les plus augustes victimes, que périssent les auteurs infâmes des cabales révolutionnaires et les coryphées immondes de la terreur et du jocabinisme.

De nos jours la liberté n'a rien perdu de son prestige : elle a ses adeptes, ses apôtres, ses héros, ses autels et ses martyrs; elle a son Cromwell avide de pouvoir et de scélératesse; elle a ses Hébertistes et ses Dantonistes, avec la hardiesse de ces infâmes coquins.

Élevée sur un piédestal révolutionnaire, on la proclame divinité tutélaire de toutes les turpitudes et de tous les attentats.

Il y a un roi qu'il faut détrôner et faire mourir pour que le peuple puisse vivre. C'est Dieu. Ah! Ne me parlez pas de cette hypothèse absurde qu'un Dieu préside aux affaires du monde.

Ne me parlez pas d'un Être suprême, Robespierre l'a rêvé. Ne me parlez pas de ces superstitions qui fanatisent tant de Français par trop crédules. Ne sommes-nous pas assez puissants, nous, pour diriger les choses d'ici-bas? Et au-delà que reste-t-il? L'immortalité. Non, non, rien de tout cela, il n'y a après cette vie qu'une immortalité, celle d'avoir été fidèle aux institutions républicaines, et d'avoir fait acte de foi aux caprices de Gambetta.

Or, au nom de cette immortalité opportuniste, au nom du dogme de Gambetta et de la foi de M. Constans, proclamons hautement que Dieu n'est pas, chassons-le de son tabernacle, brisons son étendard, persécutons l'Église, chassons les religieux de leur cellule, républicanisons la jeunesse, laïcisons l'éducation, faisons tout à l'image et à la ressemblance de nous-mêmes, et la France sera sauvée.

Chers lecteurs, voilà la propagande obscène qui inonde et submerge affreusement dans ses ondes turbulentes notre civilisation française, voilà ce que nous voyons aujourd'hui, ce que nous verrons demain et après-demain encore, dans six mois, dans un an, que sais-je! jusqu'à ce qu'une ère plus intransigeante et moins hypocrite emporte dans sa rage et ses excès les instigateurs de tant de crimes. Car, la digue du mal une fois rompue, ces passions honteuses une fois déchaînées, cette irréligion une fois si à la mode, cette satanique tyrannie une fois si instinctive dans l'homme, n'ont point de limites; il faut que la tempête, allumée par le souffle révolutionnaire, enveloppe dans ses flots sanguinaires les produits hideux d'un monstrueux septicisme : Voltaire, Rousseau et tant d'autres sceptiques accrédités au dernier siècle le cèdent en sotte incrédulité aux hérétiques du jour. Et avec cette épouvantable hardiesse qui est l'essence de l'oligarchie, voyez de quelle rage, de quelle haine toujours croissante, ils déciment dans leur marche liberticide la quintessence de toutes nos gloires nationales avec les intérêts tant compromis de notre malheureux pays. Voyez-les ces énergumènes effrontés acharnés contre Dieu, persécutant l'Église et faisant table rase de tout ce que nos pères nous avaient appris à respecter.

Cherchez et cherchez encore dans l'histoire de l'humanité, jamais époque plus néfaste n'a été enregistrée dans ses annales.

Jamais l'irréligion ne fut tant en honneur que ce matérialisme éhonté qu'on prône aujourd'hui partout, jusque sur les fauteuils de l'Académie française, jusqu'au sein de nos assemblées parlementaires, jusque dans les chaires de nos universités.

Or, quand une fois on a érigé sur un piédestal ces doctrines malsaines, cet opportunisme odieux, qu'on a abdiqué toute croyance honnête, qu'on opprime toutes les libertés, quand le droit est illégalement méconnu, quand la vérité n'a plus d'empire sur les hommes, et que l'intérêt seul, la cupidité, la haine du bien, sont l'apanage de nos adversaires, on en arrive à cet ostracisme ridicule qui fera notre infortune et notre honte.

Mal agir, c'est se bien conduire; le bien c'est le mal, le mal c'est le bien, et la morale n'a point d'autre sanction que la volupté et la dégradation.

Procurez-vous des aises, avilissez-vous sous le joug infâme des plus affreuses turpitudes. Affirmez hautement avec Blanqui qu'il n'y a *plus de maître, plus d'autorité.*

Brisez, pillez, enfoncez portes et serrures, violez les domiciles, enrichissez-vous au détriment de votre voisin, ne payez aucune dette, laissez aux abois vos créanciers, insultez à quiconque ne respectera pas votre conduite ; après tout, la liberté vous permet toutes ces choses.

N'est-ce pas avoir conquis l'immortalité que d'avoir depuis six mois renversé de fond en comble ce qui était l'œuvre de plusieurs siècles? N'est-ce pas une garantie pour tous, que d'avoir expatrié, pour ainsi dire, ces religieux dont la société n'avait pu se passer avant nous. Arborez le drapeau de l'indépendance, serrez-vous à l'étendard de la Commune, vous serez préfet, général, maréchal de France, ambassadeur et ministre.

La République vous promet toutes ces choses, sacrifiez seulement au caprice de la Révolution et votre honneur et votre intégrité. M. Gambetta, M. Constans ou autres, feraient le reste.

Prenez garde seulement ; la République a des ennemis; ils sont nombreux et redoutables; ce sont des adversaires à l'indignation desquels il faut opposer l'opprobre, les injures, la calomnie et tout l'arsenal des armes du despotisme et de l'arbitraire avec lesquelles la République vient à bout de ses entreprises.

Vous aurez à lutter contre la probité et la tenacité des honnêtes gens qui ne le cèdent pas commodement à nos menaces.

Vous aurez à vaincre le fanatisme religieux, la résistance des catholiques qui, une fois unis, en imposent aux plus fougueux de notre secte.

En un mot, la vérité, la justice et le droit trouvent encore des adeptes et des partisans.

Qu'importe, notre audace doit grandir avec le péril, la tâche est difficile, mais vous en aurez raison par les menaces et la persécution.

A l'œuvre donc, la République doit avoir gain de cause et doit sortir triomphante de l'antagonisme avec les congrégations.

Ayant ainsi parlé, Constans, non moins habile dans l'industrie du crochetage que dans celles des pompes locomobiles, son principal titre de gloire, ce même Constans, qu'on soupçonne de duplicité, lance sur les couvents et les monastères les foudres ministérielles et remplit ainsi la France et la Chrétienté du bruit sinistre de ses exploits.

Dès lors, à quels spectacles écœurants n'avons-nous pas assisté; qu'avez-vous vu, jeunes gens étonnés de tant de crimes; qu'avez-vous vu, mères chrétiennes, et nous, athlètes d'élite du vrai patriotisme et défenseurs intrépides de la religion insultée, qu'avons-nous vu?

De lâches attentats se réitérer sur tous les points du territoire; des mains sacrilèges profaner ignominieusement la demeure d'un Dieu redoutable; des religieux saisis au collet par des hommes sans aveu et sans pudeur, ces mêmes religieux traînés honteusement au milieu des rues où des mains charitables avaient hâte de les recueillir.

Et vous me dites que c'est là l'œuvre de la liberté, et vous exploitez encore notre crédulité jusqu'au point d'infirmer que c'est la religion que vous osez persécuter ? Ah ! mais c'est le comble du cynisme et de l'atrocité ! Il ne vous échappe point qu'un gouvernement qui n'inspire aucun respect pour la religion, qu'un pouvoir qui sacrifie Dieu à ses convoitises, ce pouvoir est bien éphémère. L'opinion le flétrit, et la justice des hommes ne tardera pas à en avoir raison s'il n'abdique sa lâcheté et ne cesse d'insulter à leurs croyances.

Est-ce donc que l'indifférence ne s'émeut pas devant de pareilles turpitudes ; croyez-vous que l'écho n'ait point porté jusque dans les plus humbles chaumières le bruit de vos marteaux, de vos hâches, de tous vos instruments dont vous avez à vous seuls le monopole !

Pensez-vous nous bercer encore dans de chimériques illusions et conquérir une popularité que l'indignation générale vous refuse ?

Il n'est plus permis d'en douter ; vous voulez atteindre un but inique, déchristianiser la France, ruiner la société, compromettre notre sécurité personnelle, outrager la justice, méconnaître nos droits, substituer la ruse et l'imposture aux lumières de la vérité, paralyser tout indice de réelle liberté, démoraliser notre jeunesse ; vous osez inaugurer en France ce que j'appellerai, sans contre sens, le régime de la terreur ; c'est votre rêve, et pour l'accomplir, Dieu sait les expédients auxquels vous faites appel.

Vous fermez les couvents, vous mettez sous scellés les églises ; aujourd'hui vous persécutez les religieux, demain c'est le prêtre qui sera victime de l'oppression ; après demain encore la magistrature, l'armée, ne seront point épargnées ; il n'est rien de respectable qui ne doive porter le cachet de votre tyrannie ou le stigmate du despotisme ; et c'est là la garantie que vous offrez à des gens qui ne vous demandent rien autre chose que de les laisser vivre paisiblement chez eux.

Après tout, quand on pourchasse le prêtre, quand on nie l'existence d'un Dieu suprême, quels égards peut-on avoir vis-à-vis de l'homme?

En vertu du même principe, et toujours au nom de la liberté, ne peut-on pas violer le domicile d'un citoyen quelconque, comme on viole celui des religieux ; en dépit des plus énergiques protestations qui s'élèvent de tous les rangs de la société, en dépit dès courageuses remontrances de l'épiscopat français, en dépit des démissions sans nombre qui pullulent au ministère de la justice, en dépit des plus solennelles assertions des membres les plus éminents du barreau de France, en dépit des ovations enthousiastes faites, sur leur passage, aux moines proscrits.

En dépit de tout cela, vous perpétrez monstrueusement votre iniquité. Car que ne vit-on pas ? A la veille du jour où l'exécution des prétendus décrets devaient avoir lieu, l'effervescence était générale. Jamais émotions plus indescriptibles que celles qu'excitèrent, au 30 juin, la mise en vigueur des volontés ministérielles. A une heure indue, c'est-à-dire à l'heure des crimes, les résidences des RR. PP. Jésuites étaient ouvertes de force aux valets respectueux de M. Constans, qui, par des efforts inouïs, brisaient, pillaient sans relâche portes et serrures, derrières lesquelles des hommes austères, éminents par leur talent comme par leur vertu, priaient pour leurs ennemis. Cependant, vous n'étiez pas seuls, mes Révérends Pères, dans cette persécution infâme à laquelle vous n'avez ménagé d'autre résistance que les armes de la soumission et de la clémence les plus admirables.

Les phalanges d'élite étaient là, et du fond de ces poitrines haletantes, dont vous avez pu apprécier la généreuse fermeté, sortaient des cris d'indignation contre vos agresseurs et des témoignages chaleureux de sympathie et de vénération pour vous.

A vos côtés se trouvaient des familles chrétiennes, des hommes dévoués, des femmes généreuses, des enfants reconnaissants, qui protestaient hautement, en les flétrissant, contre de pareils attentats. Vous seuls étiez calmes au milieu de la tempête, vous seuls pardonniez à vos bourreaux, vous seuls, par votre résignation héroïque, reteniez invinciblement l'intrépidité de vos amis.

Nous avons assisté à la fois à votre défaite et à votre triomphe, et nous savons maintenant, et tout le monde sait, quels sont les persécutés et quels sont les persécuteurs. Ah! les persécutés, nous le savons bien et nous le savions déjà : ce sont des prêtres vénérés, des religieux dépositaires de tout ce qu'il y a d'éminent dans la science et la vertu; des hommes voués affectueusement à l'éducation de la jeunesse; des Français respectueux, des personnifications illustres de ce qui est grand, noble et généreux. Et s'il faut parler des persécuteurs, je dirai : ils ne sont rien de tout cela. Ça été le triomphe de la force brutale, car l'innocence de l'agneau n'apaise point le courroux de plus en plus irascible des tigres en fureur, à l'insatiable cupidité desquels il faudra des victimes et toujours des victimes.

Néanmoins, en attendant que la justice divine ait son cours, celle des hommes menace d'être irritante, car, ni les canons de Frigolet, ni l'impertinence du colonel Riu, ni le sang impur hurlé par des vauriens, n'empêcheront de retentir à travers les rangs de nos amis de virulentes protestations contre l'exécution liberticide.

Partout où se trouvaient abrités des hommes vertueux, l'arbitraire a exercé ses ravages. La France entière est devenue le théâtre de brutalités inouïes; mais partout aussi l'indignation a été grande. L'esprit français médite de représailles redoutables, dont ce désordre universel est irrévocablement le présage.

Des citoyens inoffensifs sont jetés en pâture au jacobinisme en délire, comme autrefois on jetait à l'échafaud par milliers les plus nobles victimes de 99, de 93.

Autrefois, les héros du moyen-âge franchissaient les espaces, sillonnaient l'Océan, s'ensevelissaient dans le désert, volaient à la conquête de la foi contre les musulmans et les infidèles. Le Labarum pour étendard, ils affrontaient hardiment les dangers des croisades, et s'immortalisaient enfin par leurs conquêtes orientales.

De nos jours les rôles s'intervertissent, l'ennemi est parmi nous et au milieu de nous ; des Français dégénérés s'insurgent contre des Français, les indigènes contre les indigènes, les frères contre les frères, l'irréligion contre la vertu, l'injustice contre le droit, l'imposture contre la vérité, la force contre l'innocence. Jamais tableau si navrant, jamais, en France, pareille oligarchie.

Jamais, sous un gouvernement monarchique ou despotique, l'esprit du mal ne fut plus outré ni plus à la mode. Il semble que plus la situation d'un gouvernement est précaire et plus son audace grandit et ses instincts se pervertissent, semblable à ces êtres agonisants qui se tordent dans d'horribles contorsions pour donner à tout prix signe de vie. Notre malheureux pays en est là, car c'est contre tout un passé que la lutte s'engage, c'est contre l'œuvre glorieuse de plusieurs siècles qu'il faut improviser de formidables représailles.

Aussi la République, toute faible, toute mesquine, toute chétive, mais ambitieuse qu'elle est, se heurte-t-elle à une de nos plus inébranlables institutions, contre laquelle sont venus se briser tour à tour les plus fameux colosses de l'antiquité, tels que les Frédéric-Barberousse, les Henri VIII et bien d'autres, dont il faut taire, par respect pour l'histoire, la fin déshonorante et tragique. Je ne conclus pas à la ruine prochaine du régime actuel, l'avenir n'appartient à personne ; cependant, ce que je puis affirmer et ce que l'expérience me prouve, c'est que le dernier acte de cette honteuse comédie est toujours sanglant et funeste aux instigateurs de ces odieuses abominations.

La République en est là, par sa faute, et si je dois taire mon aversion pour ces hommes nouveaux qui insultent à ma liberté ; s'il ne m'est point permis de démontrer ce qui pèse sur leurs consciences, je puis, du moins, dénoncer à la jeunesse française les dégradantes manœuvres organisées contre elle, je puis livrer au mépris de tous la perversité des complots odieux ; je veux enfin que M. Constans et autres sachent qu'il faudrait n'avoir rien à se reprocher pour accepter des mesures aussi vexatoires contre tout ce qu'il y a au monde d'honnête et de respectable.

Tout homme, en effet, qui est soucieux de sa dignité, n'abdique pas lâchement ses intérêts et son honneur dans de si avilissantes entreprises.

Par exception, M. Constans jouit-il d'un passé et d'une renommée irréprochables ?

Triboulet y répondra. D'ailleurs, quand on ne peut conquérir d'autre titre de gloire ou d'autre immortalité, faut-il du moins, en héros ou en tyran, laisser son nom à l'histoire et passer, au prix de toutes les bassesses, à la postérité.

Robespierre vit encore, et l'histoire dira tous les crimes de cet infâme coquin; Marat, Danton, Camille Desmoulin, Fouquier-Tinville et autres Jacobins non moins émérites, ont conquis, eux aussi, l'immortalité de M. Gambetta, et l'histoire gardera le souvenir de leurs forfaits et de leurs brigandages.

A des siècles reculés, les Domitiens, les Nérons et autres tyrans de la Rome païenne, ont conquis, eux aussi, l'immortalité, et l'histoire dira leur scélératesse, et le sang des martyrs souillera à jamais leur mémoire.

Or, ces descendants des Césars et ces monstres sanguinaires en quoi le cédaient-ils aux superbes du jour? En tyrannie, mais ils n'atteignaient que la vie du corps; aujourd'hui on insulte à nos mœurs, on outrage nos consciences, on pervertit l'âme de la jeunesse, on immole aux caprices d'un homme les intérêts du pays.

C'est un crime sans doute de torturer des chrétiens, de trancher leur tête ou les mettre sur le gril, il appartient à la haine brutale de lâcher aux tigres ou aux lions d'innocentes victimes. Devant Dieu, cependant, et devant les hommes, il y a une lâcheté plus dégradante, c'est la lutte contre Dieu, l'antagonisme révolutionnaire avec la pudeur et la probité, et enfin l'audace d'insulter aux croyances d'un peuple essentiellement catholique. Partant, nous avons, nous aussi, nos Nérons, nos Trajans, nos Domitiens, que sais-je; nous avons cet assemblage monstrueux de passions haineuses, ces coryphées de l'irréligion; et plus que cela, nous avons des misanthropes qui s'insurgent contre nos droits et nos libertés. La postérité ne concevra jamais l'ignominieux asservissement de la France entre les mains de quelques hommes d'aventure, arrivés par un caprice du hasard au faîte du pouvoir. J'ose dire qu'en ces conjonctures, il n'y a plus dans les régions officielles la moindre garantie de sécurité, le moindre indice d'honorabilité.

On rougira d'être fonctionnaire, on aura honte d'appartenir aujourd'hui à une administration, puisque toutes semblent converger au même but, coopérer aux mêmes atrocités.

Saper par ses fondements les plus solides l'édifice social; décimer la quintessence de nos glorieuses institutions; ruiner dans un intérêt personnel le contribuable; enrayer le progrès de notre commerce, de notre industrie; préconiser, outre mesure, un despotisme absurde; subjuguer, au gré de la Révolution, la France aristocratique; faire table rase de nos droits, de nos prérogatives et de nos libertés; nous asservir honteusement au nihilisme de l'ambition et de l'orgueil; démoraliser chacune des branches de notre société; substituer le triomphe de la volupté aux sublimités du christianisme; nous traîner honteusement dans le déshonneur et la misère, lecteur, voilà l'œuvre de la liberté!

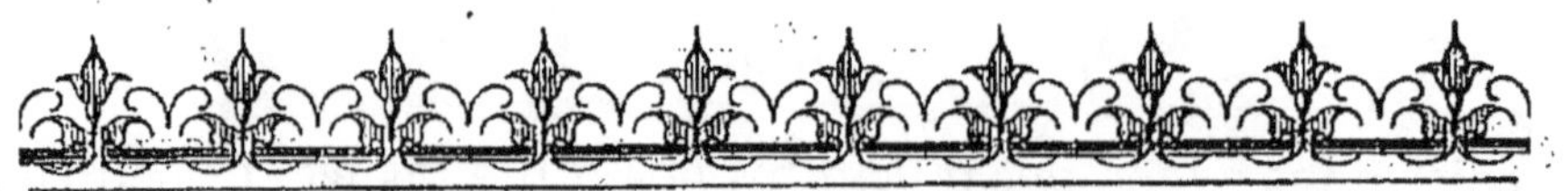

DEUXIÈME PARTIE

AU NOM DE L'ÉGALITÉ

Les temps heureux de notre histoire, où l'on préconisait moins, en la pratiquant davantage, la noble égalité, ne nous laissent plus que le désir irréalisable de remonter au plus tôt le courant impétueux qui serpente tout au tour de nos libertés pour en ébranler successivement, au nom d'un autre principe qu'on nomme égalité, leur prestige et leur nécessité.

Autrefois, en effet, on aurait tout abdiqué au joug glorieux d'un absolutisme à jamais célèbre dans l'histoire, car cette fière parole, d'un des plus illustres monarques des temps modernes : « l'État c'est moi, » ébranla tout indice d'autorité rivale de la sienne. Nul ne put égaler la haute admiration qu'un tel génie suscita en Europe. Tout ce que l'éloquence avait de plus sublime et de plus élevé, tout ce que la poésie avait de plus harmonieux et de plus enthousiaste, tout ce que les arts avaient de plus majestueux, tous ont exalté l'absolutisme d'un grand roi, qui porta si haut la grandeur et l'illustration du nom français.

Aujourd'hui, à un immortel génie, succède un apôtre de la terreur et du crochetage, dont le despotisme a pour mobile la haine de Dieu, l'aversion envers autrui et l'intérêt le plus égoïste qu'il soit possible d'imaginer.

Il terrorise non plus les princes et les puissances coalisées, mais des moines, dont le contact lui devient souverainement nuisible.

Sa devise est celle-ci : Liberté, égalité, fraternité.

Au nom de la liberté, il proscrit les moines, qu'il n'égale point en antécédents irréprochables.

Au nom de la confraternité (républicaine), il ouvre les bagnes, amnistie les communards, les incendiaires, les brigands, les assassins, leur procure des charges et des bénéfices. Au nom de cette amniste, surgissent du fond de la Nouvelle-Calédonie et des replis obscurs des enceintes fortifiées, des scélérats, dont les torches incendiaires menacent d'immoler aujourd'hui ceux-là mêmes qui ont chanté leurs hauts faits et exalté leurs brigandages.

Or, que rêve-t-il, et quelle égalité ose-t-il substituer maintenant à l'immutabilité et à la sagesse de nos lois antérieures, qui ont tant et si bien maintenu la paix et la tranquilité sociale ?

Dans quel idéal nous bercera-t-il encore ?

Il en est de l'égalité comme de la liberté.

Au nom de la liberté, il a fait table rase de toutes nos institutions.

Au nom de l'égalité, il nous humilie jusqu'à ce niveau démocratique, jusqu'à ce degré d'inqualifiable bassesse qu'enregistra avec dégoût l'histoire de la période scandaleuse de 93, où l'on décimait sans appel l'élément religieux, comme tout élément social qui se serait élevé au-dessus des ondes bourbeuses de la Révolution.

Voilà leur égalité ; loin d'opter pour une moralité moins suspecte et d'égaler ce qu'il y a encore en France de respectable et d'honnête, ils préconisent outre mesure le vice et ses turpitudes.

A un siècle de distance, l'échafaud était l'instrument de l'égalité. Là ont payé de leur tête ce que la France et l'Europe comptait de plus noble et de plus religieux.

De nos·jours, les violences inouïes, une persécution insolite et brutale, sont l'avant-garde de l'intransigeance qui a hâte, à l'instar des Marat, des Danton ou autres fougueux du dernier siècle, de tout immoler de ce qui s'oppose à ses instincts incendiaires, à son œuvre éminemment anti-sociale.

La liberté et l'égalité inaugurent la première phase d'une période thermidorienne ; la guerre civile et la guerre étrangère seront la conséquence rigoureuse de ces excès ; la sécurité publique est on ne peut plus compromise, et la Commune devient-elle inévitable ?

Toujours, en vertu des mêmes principes, Constans et consorts tyrannisent après les religieux les évêques, qu'ils expulsent comme de vulgaires malfaiteurs, ainsi que l'atteste la lettre suivante que je reproduis ici pour confirmer la véracité des faits, dont je démasque toute l'hypocrisie et toute l'absurdité :

LETTRE DU CARDINAL DESPREZ, ARCHEVÊQUE DE TOULOUSE,
A M. CONSTANS, MINISTRE DE L'INTÉRIEUR
ET DES CULTES

Monsieur le Ministre,

Il est de mon devoir de vous signaler un des actes les plus révoltants auxquels a donné lieu l'exécution des décrets du 29 mars dernier.

Ce matin, je consolais, au moment de l'épreuve, quelques prêtres auxiliaires soumis à ma juridiction, quand un agent de police, s'autorisant d'un prétendu mandat, n'a pas craint de m'expulser d'un établissement qui est la propriété du diocèse, en portant la main sur moi.

Vous n'en doutez pas, Monsieur le Ministre, c'est à l'épiscopat tout entier, c'est à l'Église, c'est à Dieu que s'adresse l'outrage dirigé contre ma personne; aussi je le dénonce à la justice des pouvoirs publics, et si ce recours devenait, comme tant d'autres fois, inutile, j'aurais le droit de penser et de dire que, après en avoir fini avec les religieux, on commence à travailler à anéantir la religion elle-même.

J'espère que vous ne me réduirez pas à une extrémité dans laquelle vos déclarations d'abus ne pourraient m'empêcher de remplir un devoir de ma conscience épiscopale.

Veuillez agréer, etc.

† FLORIAN,

Cardinal-Archevêque de Toulouse.

L'ostracisme va plus loin. Expulser un évêque, c'est se donner médiocrement du relief. Il faut, comme des malfaiteurs émérites, les traduire en justice. Mgr Cotton, évêque de Valence, fera, d'ailleurs, les frais de cette représentation toute comique, dont les principaux personnages seront toujours ce même Constans et son acolyte Fallières, sous-secrétaire d'État.

Mgr Cotton s'est avisé de défendre ses prérogatives et de dire ouvertement des vérités à des agresseurs qui provoquent son indignation.

Nous citons encore ce document si outrageant pour le ministre de l'intérieur :

Monsieur le Sous-Secrétaire d'État,

Par votre dépêche du 4 octobre courant, vous me priez de vous adresser, signée par chacune des personnes employées dans mon grand séminaire, une déclaration écrite qu'elles n'appartiennent pas à une congrégation non autorisée.

Je me demande quel est le texte de loi qui vous autorise à poser une pareille question ; jusqu'à preuve du contraire, il me paraît certain que vous sortez complètement de votre attribution pour entrer dans le domaine de la conscience, où vous n'avez absolument rien à voir.

Vous n'êtes ni mon confesseur ni mon confident, j'ajouterai même, si vous voulez, que vous n'avez pas ma confiance. A quel titre donc voulez-vous m'obliger à vous répondre ?

Si j'allais vous dire, fussé-je le ministre des cultes d'un gouvernement quelconque : « Déclarez-moi que vous n'êtes ni franc-maçon, ni internationaliste, ni athée ? » Vous ne manqueriez pas de me répondre que cela ne me regarde en aucune manière, et vous auriez parfaitement raison.

Tout le monde a le droit de vous faire la même réponse, et je m'étonne que vous osiez la provoquer. J'en suis d'autant plus surpris que vous êtes arrivé au pouvoir et que vous tâchez de vous maintenir au nom de la liberté.

Or, traiter la liberté individuelle, la liberté de la propriété, la liberté des cultes, la liberté de conscience, comme vous le faites, n'est-ce pas le comble de la mauvaise foi et du cynisme ?

Ne comptez donc pas que je demande aux professeurs de mon Grand-Séminaire ce que vous exigez. Je respecte trop mes subordonnés pour leur faire une aussi grave injure. Ils sont tous dans les conditions de la loi pour se livrer à l'enseignement. C'est tout ce que j'ai à vous dire et c'est tout ce que vous avez le droit de savoir.

Veuillez aussi nous faire grâce de la menace, trois fois répétée, de supprimer les subventions que vous accordez aux séminaires. J'ai le droit de la considérer comme une insulte.

J'ai eu déjà l'honneur de vous le dire, et je le répète encore : « On ne nous achète pas. »

Vous nous offririez toutes les économies réalisées par M. le Président de la République et ses ministres, que vous ne nous feriez pas commettre une lâcheté.

Il y a longtemps, nous le savons, que vous jetez un œil d'envie sur les bourses des grands séminaires et sur le budget des cultes et ne cherchez qu'un prétexte pour nous en dépouiller.

La haine de Dieu et l'amour de l'argent sont les traits caractéristiques des hommes qui nous gouvernent.

Eh bien! ne vous en faites pas faute, gardez votre argent,
mettez-le dans vos poches, gorgez-en vos créatures.

Vous pourrez nous réduire à la misère, vous êtes la force
brutale, mais sachez bien que vous ne pourrez nous enlever
le droit de protester contre l'injustice, ni l'honneur, ni la
vraie liberté.

Agréez, etc.   † CHARLES.

M. Constans, dont l'oreille pudique et la conscience
paisible sont choquées de ces vérités inopportunes,
s'irrite invinciblement. Il est honteux, humilié, vexé,
mais il n'est pas homme à abdiquer ses lâchetés.

L'épiscopat, en la personne d'un pieux pontife, est
traduit devant les tribunaux, d'où il sortira, à la satisfaction universelle, la tête haute, laissant à ses adversaires l'odieux de cette campagne et la flétrissure d'une
plaidoirie remarquable de M⁰ de Robinet de Cléry, dont
j'extrais des fragments pour mon édification personnelle
et l'intérêt de mes lecteurs :

PLAIDOIRIE DE M⁰ ROBINET DE CLÉRY

Je viens, avec une profonde douleur, défendre devant la
cour le vénéré prélat qui a confié sa cause à mon dévouement. Cette douleur, — chacun le comprendra, — ce n'est
pas que le sort réservé à Mᵍʳ l'évêque de Valence par votre
arrêt puisse m'inspirer aucune inquiétude. Mais le seul fait
d'une poursuite correctionnelle contre un évêque, sa comparution à votre barre sous une inculpation pénale, n'est-ce
pas la preuve saisissante de la violence avec laquelle le
Gouvernement s'engage dans les luttes religieuses?

Si j'étais un homme de parti cherchant à tout prix à
mettre en lumière les fautes de mes adversaires, je m'en
réjouirais, mais j'aime mon pays et je m'en afflige.

La France a, depuis le Concordat, traversé des époques troublées. Les évêques ont dû, plusieurs fois, élever la voix avec la liberté et la fermeté de leur ministère apostolique. Jamais, malgré la vivacité de leur langage, il n'est venu à l'esprit d'aucun ministère de prendre leurs remontrances pour des outrages et d'y répondre par une poursuite correctionnelle.

Ce fait sans précédent se produit aujourd'hui.

Quelle en est donc l'occasion? Mgr l'évêque de Valence a-t-il pris part, avec une vivacité insolite, à quelque manifestation extérieure contre les prétentions de l'État? A-t-il excité à la résistance passionnée les esprits, irrité par quelque acte public les maîtres intolérants qui nous gouvernent?

Non. Avant de pénétrer dans cette enceinte, aucun de ceux qui m'écoutent ne connaissait l'incident qui a été le prétexte de ce procès.

Au dehors, personne ne le connaît encore : la publicité des débats judiciaires apprendra seule aux catholiques de France les faits qui ont modifié la plainte d'un de leurs évêques.

Si nous pouvions ici discuter une question d'opportunité et de convenance, combien il me serait facile d'établir qu'une pareille poursuite est une lourde faute !

Qui donc a pu la provoquer?

Le 27 octobre 1880, des journaux reproduisaient un discours prononcé par M. Margue, député de Saône-et-Loire, dans une réunion de francs-maçons, l'œuvre du sou des écoles laïques. M. Margue, parlant de Mgr l'évêque de son diocèse, s'était écrié :

« Si j'étais membre du Gouvernement, il irait porter à la correctionnelle sa littérature de factieux. »

Trois jours après, M. Constans comblait les vœux de M. Margue. Ce n'était pas Mgr l'évêque d'Autun, c'était Mgr l'évêque de Valence qui recevait l'assignation d'un huissier chargé de le citer, à la requête de M. le procureur général près la Cour de Paris.

Je soutiens de toutes mes forces l'expression des sentiments qui m'inspirent de pareils actes. J'obéis à cela au prélat que j'ai l'honneur d'avoir pour client.

Il ne veut pas se plaindre. Traduit devant vous, il s'explique avec la dignité et avec la modération dont il entend ne pas se départir.

Défenseur des intérêts de son diocèse, ayant, en vertu de sa charge et en exécution de son serment, le devoir absolu de conscience de veiller à l'intégrité des institutions religieuses dont il est le chef, il a usé de ce droit, il a rempli ce devoir dans une correspondance secrète échangée avec M. le sous-secrétaire d'État du ministre des cultes.

C'est dans cette correspondance secrète, écrite à certaines heures, avec une légitime émotion, que le Gouvernement veut trouver un outrage, qu'il veut voir le dédit de l'article 222 du code pénal (etc.).

La loi se tournait tout entière contre ceux-là même qui en appelaient à sa sévérité.

L'éminent avocat lance en terminant ce foudroyant anathème, qui remplit l'auditoire d'une indescriptible émotion :

Ah! Monsieur le Procureur général, lorsque les passions déchaînées, auxquelles vous avez voulu montrer un évêque sur les bancs de la police correctionnelle, ne respecteront plus la robe du religieux et du prêtre, l'heure approchera où les institutions ne seront pas respectées davantage.

Par les portes que vous avez brisées passeront toutes les violences, vous verserez des larmes de sang, et vous aurez raison. Des outrages, des mensonges, répondront sans doute à l'acquittement que je demande. Mais que vous importe? Vous êtes des magistrats inaccessibles à tous les essais d'intimidation, à toutes les menaces.

Vous ne voudriez pas encourager le Gouvernement à renouveler des poursuites insolites qui rejettent bien loin tout apaisement et qui font plus de mal, croyez-le bien, à ceux qui les dirigent qu'à ceux qui en sont l'objet. Peut-être n'êtes-vous pas destinés à rendre encore de nombreux arrêts et inscrivez-vous au nombre des derniers celui que vous demande aujourd'hui le Gouvernement.

Je ne suis pas républicain, mais je vous affirme qu'en cela votre indépendance servira bien la République.

Lisez, admirez et admirez encore un exemple d'héroïsme que la République a donné au monde entier dans le mémorable siège de Frigolet, où elle a conquis toutes les palmes du ridicule, et l'immortalité même, par un acte d'imbécillité et de sauvagerie monstrueuse.

LE SIÈGE DE FRIGOLET

A quelques kilomètres de Tarascon s'élève une montagne à pic. Sur cette montagne, un monastère. Dans ce monastère, vingt Prémontrés inexpugnables. Autour de ces vingt Prémontrés inexpugnables, trois mille hommes de troupe, commandés par le général Billot. Les Prémontrés ont des vivres pour un an ; les trois mille hommes sont campés dans la plaine de Graveson, et le général Billot faisait des plans. Telle est la grave situation qui s'est manifestée dans le Midi.

On frémit en songeant à ces vingt moines rebelles qui tiennent en respect trois mille hommes. L'Europe, attentive, observe ce grand évènement. On attend. Que va-t-il arriver? Personne ne peut le savoir, parce que personne n'est admis auprès du général Billot, hormis ses aides-de-camp. Le général Billot, homme d'énergie, passe les nuits à étudier Vauban et à relire Ratheau. A tout instant, le désespoir trace sur son front pâle un sillon obscur. « Il faut être Alexandre! » murmure-t-il d'une voix âpre.

Cependant il ne perd pas la tête. Il a fait demander des renforts à Marseille. Les troupes marchent à grandes journées. Elles se suivent à peu de distance. A huit heures, hier matin, est arrivé la 7ᵉ du 38°, suivie, à peu de distance, de la 5ᵉ du 42°, qu'emboîtait la 3ᵉ du 59°, talonnée elle-même par la 3ᵉ du 61° et la 1ʳᵉ du 28°. Le grand chemin d'Arles à Tarascon est défoncé par les caissons d'artillerie et les fourgons du train.

Les opérations du siège continuent sans désemparer. L'artillerie s'est massée à plusieurs kilomètres à droite du monastère.

La cavalerie, trop impatiente d'en venir aux mains, a été mise à pied et les chevaux ont été donnés à l'infanterie, qui va être montée. Six mille sapeurs amenés de Lyon ont commencé à creuser des tranchées.

Une surveillance active règne dans le camp des assiégeants.

Hier, un âne, chargé de paniers et qui galoppait vers le couvent, a été pris et fusillé sans jugement. Le général Billot se montre d'une rigueur absolue; il a raison.

A chaque instant ses aides-de-camp lui apportent les ordres du jour sur les moindres incidents du siège. Le premier bulletin annonçait que trois soldats avaient été blessés : le premier en tombant d'un arbre sur lequel il était monté pour dénicher des merles, et les deux autres en s'enfonçant mutuellement leurs pipes dans l'œil, au milieu d'une querelle occasionnée à la cantine.

Le deuxième bulletin portait qu'une reconnaissance avait été faite par le 8ᵉ dragons qui s'était approché à moins de 16 kilomètres du couvent. Çà été un premier succès. Le 8ᵉ dragons a rapporté en guise de trophée une paire de sandales de couleur différente, un goupillon en parfait état et une besace contenant un demi-gigot de mouton.

Toute la nuit le général a commandé un feu nourri pour réchauffer ses soldats, encore mal aguerris aux premières gelées de novembre. Le général, éternellement armé de sa lorgnette, a observé ce matin, dès l'aube, un mouvement inaccoutumé chez l'ennemi : « C'est une sortie! » s'est-il écrié avec une certaine émotion. En effet, un nuage de poussière s'éleva du côté du couvent, et puis, tout à coup, on aperçut, venant de la plaine, un troupeau d'une vingtaine de petits cochons qui s'étaient échappés du monastère, la queue au vent et le groin en arrêt. Le 9ᵉ chasseurs s'ébranla aussitôt. La mêlée fut horrible. Pas un des petits cochons n'a pu échapper. Le bulletin annonce six morts et neuf blessés. Le reste a été fait prisonnier et mis immédiatement à la broche.

Une dernière dépêche, transmise par l'agence Havas, nous fait connaître le plan adopté par le général Billot. Il divise son armée en trois corps : l'un ira à droite, l'autre à gauche, et le dernier au milieu. Cela lui fera trois armées. L'infanterie sera couverte par la cavalerie et au besoin par le ridicule.

Ce qui ranime l'espoir du général Billot, c'est la lettre suivante, qu'il a reçue ce matin, et qu'il a insérée dans sa proclamation :

« Tenez bon, j'arrive.   » Général Boum. »

« On pense que l'assaut sera donné cette nuit.
            » Albert Millaud. »

Si le gouvernement du 4 septembre avait déployé contre les Prussiens le dixième d'énergie que M. Constant vient d'employer pour l'assaut des monastères, certainement la France aurait été vingt fois victorieuse. Quelle ardeur guerrière ! Quelle intrépidité !... Police, gendarmerie, bataillons, dragons, artillerie à cheval, fusils, épées, canons même, je crois, tout est en branle ; et l'ennemi où est-il ? Je le cherche en vain... Je ne vois que quelques pauvres moines qui ne demandent qu'à prier, à faire du bien à tous et à vivre tranquillement en paix avec Dieu, en paix avec leur âme, en paix avec tous leurs frères, et même en paix avec la République ; ils vous l'ont déclaré !... Et encore une fois, voilà des bataillons qui s'ébranlent, voilà des régiments entiers.

Et voilà que par cette équipée, aussi ridicule que criminelle, on souille à la fois les gloires de la nation et toutes les forces vives, on en éteint toutes les énergies ; police, fonctionnaires, magistrature, armée, il faut que tout entre dans un système nouveau dont l'infection dégoûte et révolte quand elle n'asphyxie pas. Un des commandants de notre noble armée, cloué par le devoir à ce poste rebutant, frémissait de dépit d'avoir porté là l'épée de France. On vient de la part du général lui demander où en était l'opération : « Allez, dit-il, allez dire au général que les vidanges de Constans sont faites. » Bravo ! s'est écriée la France vengée dans l'honneur de son armée si chère et d'autant plus aimée qu'elle porte encore les stigmates sanglants de son martyre.

C'est par trop généreux cette fois. Il y a là un excès

de bonne confraternité et d'égalité parfaite, dont personne, que je sache, ne voudrait être le préféré. Mais y a-t-il de quoi s'étonner? La République ne marche que dans les excès. Dès à présent, il ne vous échappera plus combien elle est hospitalière, combien généreuse et begnine.

Pour moi, cependant, je pronostique autre chose de sa munificence et de ses largesses, je crains que tant d'audace n'ébranle sa frêle existence. Finira-t-elle sa carrière par le sang ou l'imbécilité? Je ne sais; mais s'il faut en croire à l'expérience et à ce qu'on doit augurer de ces sottes lâchetés, j'affirme dès aujourd'hui, et les faits me le prouvent, quelle est inspirée par d'imbéciles despotes, qui ont le secret talent de la compromettre de jour en jour, car, que manque-t-il aux machiavéliques conceptions, issues de quelques intelligences obtuses? Encore un pas, et la Commune sera maîtresse de nos destinées; encore un peu d'audace, et que verrons-nous?

Un Comité de Salut public;

Un Comité de Sûreté générale;

Un Tribunal révolutionnaire;

Une loi du 22 prairial, frappant de mort, sans appel, sans jugement préalable, sans enquête, sans témoins, les suspects de non républicanisme. Elle seule nous garantit l'égalité.

Nous pérégrinons sur un volcan. Il y a en nous pénurie d'initiative ou d'énergie. Nous flottons au hasard dans une politique incertaine. Nous attendons irrésolument sur un terrain de bataille la République avec ce quelle a de plus odieux et de plus abject; la République avec ses stigmates de lâcheté, de duplicité et de férocité, avec ses instincts peu inodores de persécution et de violence inouïe ; la République avec ses armes les plus incohérentes de tyrannie, de despotisme, de violation de domicile, de propriété, d'individualité, etc.; la République, irrévérencieuse et sacrilège, acharnée contre tout ce qu'il y a au monde de respectable et de vénéré.

La République jalouse et ennemie de l'avenir d'une jeunesse catholique et aristocratique, courroucée et menaçante contre tout ce qui ne respire point l'élément arbitraire et démoralisateur.

Et debout, stupéfaite, la France catholique arbore à son tour le drapeau de la vraie indépendance, celui de l'honneur. A la tête de nos phalanges, à la tête de nos défenseurs illustres se rangent le véritable patriotisme, l'ardeur indomptable d'une armée qui est fière de sa cause et soucieuse de sa dignité, et avec elle la France entière, l'univers catholique et les générations futures.

Toutefois, plus d'illusions, jusqu'à ce que le poignard d'un Ravaillac, d'un Orsini, d'un Damien, d'une Charlotte Corday ou le bras vigoureux d'un Bonaparte ne décime les sommités du radicalisme, nous aurons à essuyer les plus humiliantes vexations et la plus odieuse de ces abominations, qui eussent été intolérables dans le paganisme et aux siècles les plus reculés de la barbarie et de l'esclavage.

Sous le nom de guerre au cléricalisme, la Révolution vise-t-elle autre chose que le catholicisme tout entier, c'est-à-dire les prêtres, les évêques, le siège apostoliques, c'est-à-dire Dieu, la famille, la société ses institutions, et, après tout cela, le droit, la justice, la vérité, l'honneur, et enfin notre sécurité individuelle ?

Détrôner les princes et les potentats, ourdir contre un empereur ou un roi la plus tragique des conspirations, assassiner lâchement ce qui flétrit le nihilisme, immoler ce qui s'élève au-dessus de la sphère libre-penseuse et démocratique, républicaniser et par là même humilier les plus timides d'entre nous, compromettre la moralité au profit du vice et de la volupté, substituer les belles vertus de Duhamel, d'Andrieux, etc., à l'excellence de notre civilisation et à la sublimité de nos croyances, nous arracher à la religion de nos pères et de notre chère France, pour nous gagner au culte des divinités opportunistes.

Mesurer au thermomètre opportuniste les degrés de moralité et de républicanisme qu'exige de nous le dauphin de la République; frapper de mort tout idéal supérieur aux rêves des athées et des francs-maçons, par conséquent, déclarer à l'élément conservateur un combat à outrance, pour le ruiner et l'anéantir; tout ceci est l'œuvre de l'égalité.

TROISIÈME PARTIE

AU NOM DE LA FRATERNITÉ

LES COLLÈGES

Un jour, je ne sais comment les choses se passèrent ou quelle influence secrète les phénomènes d'en haut exercèrent dans les régions ministérielles; un beau jour, du cerveau de Jules Ferry, naquit, comme autrefois Pallas du cerveau de Jupiter, une conception hideuse, un monstre imaginaire, un idéal informe qu'on nomme l'article 7.

Il avait des prétentions, et des prétentions hautaines, ce nouveau-né; à peine vit-il le jour, qu'il se faisait fort de tout asservir à ses caprices, de tout annihiler de ce qui n'épouserait pas ses absurdes prétentions, d'abroger toutes les lois, y comprise la loi de 1850, afin (d'après le mot de M. Jamin) de s'enrichir sur les décombres et les dépouilles d'autrui, c'est-à-dire de ruiner les écoles qui ne font pas profession de laïcité, pour doter l'Université de leurs éléments, et lui jeter en pâture l'avenir de la France, l'espérance de la jeunesse et tout ce qu'il y a au monde d'honnête, de délicat, d'inoffensif.

Elle voulait, cette chimère fantastique, qu'on donnât à la jeune France l'éducation qui fut l'apanage, sans doute, des Ferry, des Constans, des Naquet, des Duhamel, des Blanqui ou des Rochefort, personnifications illustres de ce qu'il est possible d'imaginer de vil, de nul, d'audacieux et de méprisable.

Voulez-vous un apôtre démoralisateur partisan fanatique du divorce ? Naquet, bizarrerie capricieuse de la nature, vous initiera à ses infamies.

Demanderez-vous un misanthrope, un être sans raison, une substance mécanique ?

Blanqui vous répondra : « Ni Dieu ni maître. »

Les hauts faits des Constans, les innovations opportunistes des Ferry n'excitent pas médiocrement de l'indignation. On sait à quels instincts elles obéissent, car ce matérialisme ridicule, ce panthéisme absurde, ces doctrines éhontées, ces mœurs si dissolues, ce voltérianisme universitaire, cette morale si immorale, sont autant de principes jacobinistes qui devraient, d'après ce même Ferry, servir de base aux programmes d'éducation en usage dans les écoles sans Dieu.

D'ailleurs, il y a une invincible et, à la fois, insoutenable concurrence, de laquelle la République ne peut s'affranchir autrement que par la violence et par la force ; vous me direz que c'est recourir à des expédients encore plus honteux que de procéder à main armée à la dissolution des écoles rivales des maisons de l'État et des établissements de M. Ferry. Nullement, répondra ce despote qui ne craint rien tant que la supériorité de ses adversaires en matière de science et dë moralité. N'allez pas dire à ce même Ferry qu'il y a dans les écoles congréganistes un enseignement tout au moins égal, sinon supérieur, à l'enseignement des lycées, il vous objecterait, avec raison : « C'est pour cela que j'en expulse les professeurs, c'est pour cela que je soustrais à l'érudition inappréciable de ces hommes savants une masse de jeunes gens qui nous en imposeraient bientôt par leur talent et leurs lumières. »

L'Université doit avoir à elle seule le monopole de l'enseignement, si imparfait et si repréhensible soit-il, car, avant tout, il faut qu'un citoyen apprenne à aimer la République, qu'il ignore moins ses hauts faits que les chef-d'œuvres de l'antiquité classique, qu'il s'humilie devant elle plutôt que de flétrir ses excès, qu'il participe à ses outrages plutôt que de respecter ce qui est bien. Les Jésuites n'enseignent pas tout cela, la République doit les haïr, la République doit les chasser, la République doit les expatrier, les exiler, les anéantir.

Imaginons donc l'article 7; il soulèvera d'indignation tout le pays, peu importe, baptisé par la sanction de M. Grévy et sous la tutelle de M. Constans; il sera le bienvenu à la Chambre, on lui tendra les bras amoureusement; Mgr Freppel ou M. de Cassagnac démasqueront toute sa perfidie, mais, après tout, ces gens-là tomberont en discrédit, et l'article 7 sera voté.

Étrange déception ! le Sénat, dont tout le prestige n'est pas entièrement à la merci d'un arbitraire odieux et qui n'a pas abdiqué aux caprices honteux du despotisme sa dignité et son honneur, s'est déclaré nettement l'adversaire de l'article susdit, lequel, à défaut de loi, s'est arrogé sous un autre nom le droit de suppléer à l'insuffisance de lois préexistantes pour réaliser d'astucieux projets.

Ainsi, voilà le mécanisme. Il faut chasser les Jésuites, parce qu'ils éclipsent, en savoir, tous nos maîtres et nos docteurs de l'Université.

Il faut leur interdire l'enseignement, parce que, par leur bonne tactique, par leur dévouement, ils forment dans toutes les branches des administrations, et dans tous les rangs de la hiérarchie, des hommes savants, des hommes éminents, des hommes honnêtes, des citoyens irréprochables. Il faut sevrer la France de leurs pernicieuses influences. Il appartient à la République de ne plus leur laisser le monopole de grandes entreprises, en les expatriant, en les anéantissant, en vertu de décrets arbitraires dont la force brutale en assurera l'exécution.

En dépit des décisions du Sénat, auquel la nation a commis la défense de ses libertés, en dépit de l'effervescence générale et des protestations unanimes qui surgissent de toutes parts, malgré les démissions par centaines de magistrats distingués et du monde officiel ; en dépit de toute pudeur, de toute justice, de la vérité outragée, nous marcherons à pas de géant dans la voie de l'iniquité, frappant d'ostracisme ce qui ne respire point là brise des passions et de la honte.

Qu'importe que la Chambre haute n'ait point sanctionné l'article 7. Nous sommes la force, nous pouvons donc, au gré de nos caprices et en vertu de notre souverain pouvoir, violenter les citoyens esclaves de notre despotisme.

Partant, votons un arrêt de mort contre les Jésuites, votons la ruine totale des congrégations : par ce moyen, nous aurons raison de leur liberté ; par là, nous usurperons leurs droits, et c'est ainsi que nous affranchirons le pays de l'influence religieuse, de l'atmosphère trop pure où leurs doctrines nous entraînent.

Il demeure, néanmoins, acquis qu'il n'y a d'autre mobile de nos vexations que la haine du libre enseignement, car si, malgré leur dissolution, les congrégations s'arrogent encore le droit individuel d'enseigner, j'obvierai, moi Ferry, ministre de l'instruction publique, à cet état de choses, en improvisant des conseils académiques, tous imbus de nos principes; en organisant avec Constans et Cazot des tribunaux à nous, devant lesquels nous traduirons, sans pitié et sans appel, les cléricaux, sous l'inculpation d'inconduite et d'immoralité; nous suspendrons à Toulouse M. Villard, directeur de l'École libre Sainte-Marie. Nous patronnons les lycées, nous fermons, à leur profit, les établissements congréganistes; à Carcassonne, toutefois, à la même époque, les vauriens que nous y logeons organisent un complot, méditent une cabale, s'insurgent contre le proviseur, le censeur, maîtres ou pions, que sais-je; ils nous rendent ce que nous leurs donnons et nous traitent de la même façon avec laquelle nous traitons les congréganistes. Sommes-nous donc bien odieux, puisque contre nous s'élèvent les haines de nos polissons, élevés cependant dans nos bahuts, toujours à notre image et à notre ressemblance. Hâtons-nous cependant. Au nom de la liberté, faisons à Amiens ce qui vient de se passer à Toulouse, à Boulogne, ce qui se passera ailleurs; fermons partout les collèges, renvoyons dans leurs familles des milliers de jeunes gens qui ne veulent ni de notre enseignement ni de nos principes.

Ainsi parlait Ferry, ainsi le pensait Constans, ainsi aussi le voulait Cazot, et ce qui fut dit a été fait; les décrets ont été violemment exécutés, chacun sait avec quelle astuce, avec quelle machiavélique lâcheté, avec quelle sauvagerie inouïe ont été chassés de chez eux des hommes vertueux. Les coups de hache ont retenti partout, les feuilles publiques puisaient dans ces graves évènements le programme de leurs colonnes, le peuple s'indignait de cette confraternité républicaine, les consciences étaient en émoi, car, après tout, il y a à rougir d'être le souffre-douleur d'une poignée d'énergumènes, pour lesquels la bonne renommée serait un contresens.

Jeunes élèves, je fais ici appel à votre grand cœur, vous êtes, vous, la lumière, vous êtes la science, la France chevaleresque de Charlemagne, la France chrétienne de Louis IX, la France savante et glorieuse de Louis XIV; partant, l'ignorance, l'athéisme, la lâcheté, ont un droit sur vous : celui de la haine et de l'injustice; cela, d'ailleurs, manquait à votre auréole. Mais il est éloquent et consolant cet entraînement qui, dans l'époque néfaste et dans les jours pénibles que nous passons, vous unit plus étroitement à nos maîtres vénérés.

Vous êtes là avec eux à l'heure de la persécution, vous les suivrez et nous les suivrons en exil, mais bientôt avec eux nous assisterons aussi à leur triomphe. J'en ai pour garant votre attitude inébranlable, votre respect pour tout ce qui est grand, noble et généreux; l'affection pour votre patrie tant humiliée de nos jours par la marée toujours montante de l'outrage et de l'iniquité, car substituer à l'éducation éminente des Jésuites, et non seulement de Jésuites, mais de toutes les institutions catholiques, la science impie de l'Université, implanter sur les ruines de leurs collèges un établissement athée, était la pensée de M. Ferry, qui, d'ailleurs, ne rêve guère autre chose que des chimères ou d'absurdes réalités.

Aussi est-il peu étrange de trouver çà et là un de ces *quousque tandem* qui terrifierait tout autre médiocrité que la sienne.

Écoutez cette lettre délicieuse qui démontre surabondamment quelle éducation est celle des Jésuites, par contraste avec les insultes que les maîtres reçoivent de leurs élèves dans les lycées :

LES ÉLÈVES DE L'ÉCOLE LIBRE
DE L'IMMACULÉE CONCEPTION, 391, RUE DE VAUGIRARD, A PARIS,
EX-COLLÈGE DES JÉSUITES, A M. LE RÉDACTEUR EN CHEF

Il nous était revenu que les collèges des Jésuites, entr'ouverts à Toulouse et à Boulogne, venaient d'être fermés tout à fait. Les Pères ne pouvaient plus enseigner en France et leurs élèves étaient dispersés, partout où on les trouvaient rassemblés autour de leur chaire. Le grand entretien de nos parents sans nos affaires publiques, entretien dont on nous aurait tenus éloignés autrefois, nous avait révélé ce qui nous restait à craindre. Mais notre générosité naturelle nous empêchait de croire à l'injustice; jusqu'à présent, l'autorité nous était apparue, dans la famille et chez nos maîtres, empreinte d'un tel caractère d'infaillible grandeur, de haute raison et d'impartiale puissance, nous l'avions éprouvée si paternelle et si douce, si pleine de dévouement et de sollicitude, que nous ne pouvions imaginer qu'ailleurs sa mission put être différente de celle que depuis longtemps elle remplissait auprès de nous. Aussi comprendrez-vous notre étonnement, lorsqu'avant hier vendredi, à la récréation de midi, le bruit se répandit dans le collège que la classe qui allait suivre serait la dernière où il nous serait permis d'entendre nos Pères. Laissez-nous leur donner ce *nom,* qui résume pour nous, dans le second mot de toute langue, le doux souvenir qu'ils nous laissent. Parmi les plus jeunes, ce fut de la stupeur et des larmes; chez les plus grands, ce fût de l'indignation et presque de la honte, car nous avons été dupes de nous-mêmes en croyant impossible cette expulsion à petit bruit, cette violence hypocrite et doucereuse, ce scandale intime, cette lâcheté gratuite... et obligatoire pour ceux qui la commettent.

Ce qui va suivre s'est passé dans une de nos classes, peu importe laquelle, lorsque vous saurez que dans toutes la même scène s'est répétée avec de légères variantes. Après une leçon écoutée dans le plus religieux silence, comme si chacun de nous, pour en garder plus longtemps la note attendrie, avait cherché à recueillir le plus de voix possible de la bouche qui parlait, le Père se leva et nous dit :

« Mes enfants, — c'était son droit de nous appeler ainsi puisque nous l'appelions mon père, — mes enfants, un autre que moi corrigera le devoir que je viens de vous donner. Il apportera dans cette chaire une science et un dévouement qui effaceront le souvenir que j'aurai pu vous laisser. Mais pardonnez-moi de n'avoir pas fait davantage, j'ai été jusqu'au bout de mes forces, c'est ma seule excuse; je m'étais donné à vous, vous m'aviez accepté, je vous remercie. De vous à moi la reconnaissance est descendue, parce que vous aviez pensé me devoir quelque chose. Laissez-moi vous détromper. C'est moi qui vous redois. J'ai trouvé ma récompense dans mon sacrifice même, qui n'en était plus un depuis qu'il vous était adressé.

» Aussi les témoignages de gratitude que vous avez bien voulu me montrer, je les recueillais comme un riche qui ne sait plus que faire de son or. Ma première douleur commence aujourd'hui. On me sépare de vous. Un pouvoir qui nous ignore nous exile. On croit par là servir un principe, on ne sert que des intérêts; l'avenir dira si c'étaient ceux de la France, nous l'espérons sans le croire. On s'est imaginé remplir un devoir, on n'a fait que violer un droit. Après une guerre néfaste pour nous, l'Allemand a permis aux vaincus de l'Alsace et de la Lorraine de quitter le sol conquis et de s'en aller à quelques lieues plus loin retrouver la patrie. C'est le contraire pour nous aujourd'hui.

» Des Français chassent des Français de leur pays et les envoient chez l'étranger chercher une terre plus libre que celle de leur patrie elle-même. Mais, n'ayez pas peur, cette patrie, quoique lointaine, sera pour nous plus qu'un triste souvenir, elle sera un douloureux regret. Pour oublier la France, il faudrait que nous désapprissions de parler français, et comment le pourrais-je, puisque c'est dans cette langue que je vous fais mes adieux.

» Vous voilà presque arrivés à la fin de vos études. J'aurais aimé vous mener jusqu'au bout. Nous nous quittons aux trois quarts du chemin, avant l'heure que je croyais encore éloignée et qu'une main brutale va faire sonner ici dans quelques minutes. Du sentier parcouru, *notre ombre, dont leur soleil est jaloux, va disparaître.* Rappelez-vous au moins que nous avons marché quelque temps ensemble. Pour nous défendre quand nous ne serons plus là, redites seulement les leçons que vous avez reçues de nous; si quelqu'un y trouve à reprendre, c'est qu'il ne sera ni chrétien ni Français.

» Nous nous en allons sous d'autres cieux, qui ne nous feront pas oublier le nôtre. Nous allons retrouver d'autres élèves, qui n'effaceront pas de nous votre mémoire. Plaise à Dieu que la tâche nouvelle, plus lourde que la première, soit accomplie par nous avec le même dévouement et la même foi, et que, vaillants et résignés, nous ne succombions pas sous l'amertume des souvenirs.

» Nous vous quittons, reportez sur vos nouveaux maîtres toute l'affection que vous aviez pour nous. Qu'ils soient nos héritiers, puisqu'ils vont vous continuer dans l'avenir, qu'ils bénéficient de notre passé; ils vous serviront mieux que nous, je le souhaite et n'en puis douter, mais vous aimer davantage, je les en défie. »

Ici l'émotion brise la voix du Père et les larmes dont nos yeux étaient pleins débordèrent. C'est alors que l'un de nous se lève à son tour :

« Père, dit-il, quand sa voix rendue chevrottante par le sanglot se fut raffermie, Père, je parle au nom de tous, parce que tous m'en ont donné la mission. Vous nous quittez, mais nous ne vous quittons pas, car nous vous gardons quand même parmi nous; qu'on brise les portes de vos cloîtres, qu'on vous expulse de vos demeures, qu'on vous exile loin de la patrie, c'est possible; mais ce qui ne l'est plus, c'est briser le lien qui nous unit à vous, c'est vous expulser de nos cœurs, c'est vous exiler de notre souvenir. Nous savons de quoi l'on vous accuse : vous faites, dit-on, une France différente de la vraie en créant une jeunesse à part. Nous ignorons quelle est cette vraie France que l'on oppose à celle que vous nous avez fait connaître, mais ce que nous pouvons dire c'est que la vôtre est si belle que nous sommes prêts à mourir pour elle. Les champs de bataille de 1870 où étaient tombés nos aînés ont encore des tertres où l'herbe est plus verte et où des croix, plantées par des mains pieuses, étendent encore leur ombre sur des tombes inconnues. Que là ou ailleurs la France nous appelle, et l'on verra en regardant au visage ceux qui seront tombés le plus avant, s'il y a deux jeunesses et deux partis. Non, vous ne nous avez pas enseigné qu'un drapeau faisait le devoir moins impérieux ou plus sacré et que le patriotisme dépendait de la couleur d'une cocarde. Votre enseignement était plus généreux et votre morale était plus haute. Comme vous le disiez tout à l'heure pour vous défendre, nous répèterons vos leçons, nous ferons plus, nous les mettrons en pratique, et nos œuvres vengeront nos doctrines. Non, vous ne nous avez appris aucune haine, en revanche vous nous avez enseigné tous les nobles amours; pour rester fidèles, nous n'avons qu'à rester chrétiens et Français, c'est-à-dire tels que vous nous avez faits.

» Père, vous voyez donc bien que si vous nous quittez, nous ne vous quittons pas.

» Maintenant que nous en sommes aux dernières paroles, nous vous dirons simplement : merci pour le passé et pour l'avenir, au revoir. Ce n'est point là un défi ridicule jeté à ceux qui vous renvoient, c'est une espérance invincible qui s'impose à nous, parce qu'il n'est pas donné aux hommes d'être éternellement injustes.

» Père vénéré, une dernière demande : avant d'aller à la mort les premiers martyrs se donnaient le baiser de paix; avant de partir pour l'exil, donnez-nous votre bénédiction. »

Et sur nous, recueillis dans la tristesse, agenouillés, déjà par la prière, les paroles saintes descendirent solennelles comme des paroles suprêmes, attendries comme un dernier adieu.

On se sépara et depuis..... nous ne les avons plus revus. Ainsi nous entrons avant l'heure dans la vie publique. On nous oblige d'avoir une opinion toute sentimentale ; aujourd'hui le raisonnement et l'expérience viendront l'affermir plus tard, car, dès maintenant, il nous paraît impossible qu'un gouvernement qui ment aussi effrontément à sa devise soit un gouvernement qui mérite l'estime et commande le respect.

L'avenir dira si ce sont nos maîtres que l'on doit accuser d'avoir fait deux France. Permettez-moi, monsieur le rédacteur en chef, de signer d'un seul mot qui nous sous-entend tous :

OMNES.

Et elles ont dit vrai, ces victimes de M. Ferry, car, lorsque sur les ruines fumantes de la Convention et de la Terreur, quand sur ce torrent impétueux des passions révolutionnaires, quand, sur tout cela, le premier Empire voulut réhabiliter la morale, l'érudition, le courage et enfin l'édifice social ébranlé tout entier sous le cataclysme effroyable qui ensanglanta le pays et terrifia l'Europe. Bonaparte, le plus colossal et le génie le plus despote qui ait acquis un nom à l'histoire, comprenait autrement que Ferry qu'un État sans d'autre principe que la haine de Dieu, qu'une éducation sans d'autre garantie que l'instinct du mal, est bien près de sa ruine. Il eût été trop heureux et par trop enthousiaste de recueillir les Jésuites anathématisés aujourd'hui par un ministre d'aventure, précisément parce qu'à eux incombe l'honorable responsabilité de faire des citoyens, de façonner d'illustres intelligences, de former à la science, d'élever à la vertu, d'inculquer à tous le respect de grandes choses et la haine pour tout ce qu'un honnête homme doit flétrir. Il y a dans ces immortels génies, si avides de dominations ou si

superbes soient-ils, assez de pudeur pour ne point in=
sulter à la noblesse d'un pays qui se targue de ses
libertés.

Il faut descendre jusqu'à ce niveau de médiocrité et
de décadence sociale pour attenter à nos droits les plus
chers. Il faut avoir roulé dans les replis des bahuts universitaires pour comprendre si peu le rôle de l'enseignement congréganiste et l'utilité de la libre concurrence.

Jamais homme d'esprit, jamais un gouvernement soucieux de son existence n'avait rêvé un article 7, parce
que ses conséquences eussent été pour lui irrévocablement fatales.

D'ailleurs, de quelque semblant de légalité qu'on le
couvre, on ne dira jamais qu'il repose sur un principe
légal, car, en aucun temps, il n'existe des lois interdi-
sant à des hommes éminents de se sacrifier à l'avenir
de la jeunesse et à la cause de la bonne éducation.

Jamais, que je sache, une législation tant soit peu
tutrice du progrès et de la sécurité d'un État eût ainsi
opprimé la liberté des grandes choses au profit d'un
arbitraire éhonté, d'une persécution odieuse, qui est la
négation de tout ce qu'un peuple sage respecte et ho-
nore par dessus tout.

D'ailleurs, faisons ici un rapprochement; qu'on nous
permette un parallèle, qui, sûrement, sera plus ou
moins favorable aux partisans de l'école sans Dieu,
car il faut que la vérité se montre à travers les voiles
de la confusion; que constatons-nous, en effet, sinon
des actes scandaleux dans les lycées, dont on préconise
outre-mesure la parfaite régularité, l'irréprochable enseignement.

Les vices s'y nourrissent et s'y développent à la
faveur de l'irréligion et des doctrines malsaines.

A l'heure même où l'on arrachait lâchement aux RR. PP. Jésuites leurs élèves, serrés étroitement autour de leur chaire, le tocsin de la révolte sonnait déjà dans les régions universitaires.

Les bruits courent, ils s'accréditent ; Carcassonne, Rodez, Limoges, etc., sont le centre d'une représentation toute comique.

La licence poussée jusqu'à la révolte, l'inconduite la plus immorale, l'insubordination la plus outrée, tout cela s'exhibe au grand jour, car les voiles du respect humain est tout au moins passé de mode, s'il lui restait encore quelque raison d'être.

Le succès, le travail, la subordination, le respect de l'autorité, l'amour de la science, le patriotisme, où sont-ils ? A la vérité, ce n'est pas dans les établissements de M. Ferry qu'un tel programme peut recevoir l'hospitalité.

Les disciples de la science impie s'insurgent contre l'autorité ; l'ignorance, le vice, la sottise, sont l'unique programme de cette secte libre-penseuse.

Les feuilles publiques enregistrent journellement avec stupeur d'inqualifiables révoltes, qui suffisent, à elles seules, pour consolider sur des bases solides la perspective du libre enseignement.

Quatre cents jurisconsultes en herbe ont naguère payé un juste tribut d'hommages à l'Université de Toulouse.

C'est dans l'étude des lois présentement existantes, sans doute, qu'ils se sont crus autorisés à assiéger la Faculté de droit, demandant à grands cris table rase de l'autorité.

Pères et mères, vous fermez avec soin votre cassette, et votre trésor le plus précieux, l'avenir de vos enfants, est sur les grands chemins.

Parents chrétiens, y songez-vous? vous flétrissez le seul nom de la Révolution, mais, au fond, que faites-vous?

Vous façonnez par votre imprévoyant abandon des athlètes à l'impiété et, partant, à l'élément révolutionnaire.

Vous livrez à la merci d'un pouvoir éphémère, au danger d'une éducation immorale, votre cause et celle de vos enfants.

Vous ensevelissez dans je ne sais plus quel labyrinthe et vos espérances et votre honneur.

Que pour se maintenir vingt-quatre dans une position où ils ne sont arrivés que par des bassesses, des hommes athées ourdissent une conspiration contre des principes vrais, contre la sagesse et l'intégrité de nos croyances, contre le progrès d'une science positive et certaine; ils ne sortent point de leurs attributions; leur raison d'être n'est autre chose que l'aversion invincible pour tout ce qui les domine. Mais ce qui m'échappe, c'est l'indifférence des esprits timorés, que l'exécution des décrets, les sentences des conseils académiques prononçant la fermeture des collèges catholiques; l'exemple de l'insubordination et de la révolte dans les écoles et dans les bahuts universitaires, n'émeut point.

Où est donc le sentiment d'affection pour l'enfant? où est l'ardeur de notre patriotisme? où est encore la sublimité de notre foi et de nos croyances?

Où est le véritable amour de la science? Les faits dont nous entendons journellement le récit ne nous prouvent-ils pas surabondamment que sans la connaissance fondamentale de la religion, la science n'est qu'un mot, qu'un tissu d'hypothèses absurdes, qu'un bagage d'incertitudes, qu'un ensemble d'incompréhensibles erreurs, bien faites pour ensevelir dans le vague et dans un scepticisme universel les intelligences les plus droites et, avec elles, l'humanité, c'est-à-dire tous les principes, sur lesquels reposent les fondements d'une société, dont le prestige ne le cède ni à la volupté ni à l'ignorance.

QUATRIÈME PARTIE

REMUE-MÉNAGE DANS LES SÉMINAIRES

AU NOM DE LA LOI

Au nom de lois prétendues existantes, le gouvernement de la République a fait table rase de toutes nos libertés; au nom des décrets les plus arbitraires, ce même gouvernement exalte outre-mesure les exécutions les plus illégales et les plus honteuses.

Précipité maintenant dans un courant d'ostracisme ridicule, il ne peut enrayer sa marche ni paralyser ses excès, car, au nom d'une loi non existante cette fois, nos sympathiques représentants veulent réaliser ce qui était déjà l'objet de leurs rêves. Il y a en France des prêtres, il y a des pépinières où on les recueille, où on les forme; bien plus, la loi elle-même les prend sous sa tutelle et offre ainsi aux apôtres de l'Église une garantie contre le despotisme des gouvernements. A ce droit qu'ont les séminaristes de se vouer sans obstacle au sacerdoce, il faut substituer un article organique, qui les privera à la fois de ce privilège et les assujettira à l'obligation du service des armes.

La religion doit périr, et la République de 1881 sera définitivement son tombeau. Il ne sera jamais dit que Marianne ait abdiqué sa honteuse prétention aux croyances d'une divinité quelconque. Son veau d'or, c'est l'argent ; ses vertus, ce sont ses vices et ses passions ; sa fin, c'est la dégradation, l'immoralité ; ses moyens, ce sont la persécution, la violence, la tyrannie.

Plus de prêtres ni plus de religion, plus d'évêques ni d'églises, plus de frères ni de sœurs, la République en méconnait l'utilité.

Qu'il y ait des lois ou qu'il n'y en ait point, qu'ils se recommandent par leurs vertus ou leurs talents, qu'ils s'imposent par la nécessité de leurs droits et de leurs libertés, les prêtres doivent porter le stigmate de la Révolution, leur dévouement d'ailleurs, comme leur patriotisme leur en concède le droit.

Naguère, enhardie par les menaces issues des antres maçonniques, et dissimulant ses haines et son hypocrisie : Guerre aux Jésuites ! aux Jésuites seulement ! s'écriait hautement le jacobinisme. Mais ce n'était que le prélude de sa rage et de ses excès.

La Commune, interprétant autrement son rôle, en arrive graduellement à l'ostracisme le plus complet, à la ruine de la religion.

En moins de six mois, les collèges des Jésuites ont été fermés, les professeurs lâchement expulsés, vingt mille religieux abandonnent leur demeure et sont livrés à la charité publique.

Ces religieux n'ont plus la liberté de vouer leurs efforts et leur vie même à l'éducation des pauvres.

Le préfet Hérold entasse les crucifix et les images saintes sur un tombereau municipal; les évêques sont admonestés, brutalisés, expulsés, poursuivis en correctionnelle.

Rien, enfin, de ce que l'on peut concevoir d'humiliant et d'infâme ne semblait être oublié. Téméraire confiance! La République, savamment inspirée par les lumières de ce fameux météore opportuniste, fait à l'élément religieux une guerre à mort.

Dans le répertoire des lois, il y aura toujours quelque simulacre de décret qui sera le point de départ de nouvelles abominations, et, s'il ne s'y trouve que des articles pour flétrir tant d'iniquités, l'instinct audacieux de ces énergumènes en improvisera sans cesse pour anéantir tout indice de catholicisme.

Le Concordat, fils d'une entente pacifique entre le gouvernement français et la souveraineté pontificale; le Concordat, qui a survécu aux attaques incessamment réitérées de l'élément révolutionnaire, n'a plus aujourd'hui son droit d'aînesse dans l'ensemble des lois qui facilitent en France le recrutement des prêtres.

Entre l'Église et l'État, il n'y a plus d'alliance possible, il faut nécessairement porter un dernier coup, un coup décisif, à la moralité et à la civilisation. Un article 7 contre les séminaristes suffit, mettons-le en vigueur, substituons l'uniforme à la soutane, la cuirasse d'un chassepot au bréviaire du prêtre, le jargon soldatesque à l'éducation du séminariste, ce sera une auréole de plus pour orner le diadème de la trop chaste Marianne

Or, ce rêve n'est point chimérique, et, comme il était aisé de le prévoir, il se réalise sans obstacle.

Maintenant que la plume mordante et satirique de

Triboulet ne disserte plus sur la nullité du général Farre, ministre, lui aussi, par la grâce de M. Gambetta, de la République française, désormais nous dirons qu'il en sait autant que Ferry et non moins que Constans. Constans a vidé les couvents, Ferry a vidé les collèges, Farre doit vider quelques lieux, si ce n'était pas les séminaires, ce serait sans doute le ministère. D'ailleurs, la loi est en projet, la commission de la Chambre lui tend les bras amoureusement; les députés se disposent à lui faire un accueil des plus courtois, le Sénat ne saurait lui paraître ingrat, et, somme toute, dans quelques mois les grands séminaires vont être déserts, les paroisses n'auront plus aucun prêtre, les pauvres plus de bienfaiteurs, nous vivrons de la religion de M. Constans, dans les sphères immorales de Duhamel, et la France, ainsi honteusement traînée dans un cloaque infect, dans la fange et l'ordure, dans l'obscénité et le dévergondage, ira se réfugier précipitamment entre les bras d'une révolution sociale et d'une guerre européenne plus que jamais inévitable, car, qui veut la fin veut les moyens; notre fin, c'est la paix, c'est l'union, la concorde, la prospérité et la sécurité de tous.

Or, la Révolution semble être le moyen infaillible pour nous délivrer promptement d'un assemblage satanique, lequel, nous le savons bien, n'a jamais eu de dénouement que dans l'imbécillité ou dans le sang.

Alors et seulement alors quand, personnellement, nous aurons été les victimes de la terreur; quand vous verrez vos enfants, à l'avenir desquels vous aviez sacrifié et votre bien-être et votre labeur; quand, après tout cela, vous les verrez enlevés brutalement au sacerdoce, unique objet de vos désirs; alors, dis-je, Français inconscients de votre destinée et de vos malheurs, vous gémirez et haïrez peut-être un si odieux despotisme. Vous contemplerez avec regret ces jeunes apôtres, arrachés au pied du sanctuaire pour être livrés dans l'arène des passions voluptueuses, seul apanage de notre siècle.

L'Église fera le sacrifice de ses ministres, et, seule, sous la protection d'en haut, elle sera attendrie par le spectacle écœurant d'une société contagieuse.

L'enfant dans sa jeunesse, le pauvre dans son humble cabane, le paysan dans sa chaumière, le moribond sur sa couche funèbre, feront entendre des cris de détresse : ils en appelleront à la charité du prêtre, à son dévouement, à son amour surhumain, et le prêtre ne pourra les entendre; les grands, dans le faste et les grandeurs, pourront bien se réjouir; le prêtre ne flétrira plus ni leurs excès ni leurs voluptés; le soldat pourra tomber en brave sur le champ de l'honneur, mais le prêtre ne lui donnera plus les consolations suprêmes.

Les vices pourront se développer à la faveur de l'irréligion, l'autorité du prêtre ne pourra plus les prévenir. La misère publique peut s'accroître, le prêtre ne saurait la secourir. Non, plus de prêtres, plus de religion, dans cette chère France, qui ne doit sa splendeur, cependant, qu'à l'héroïsme chevaleresque et à la piété de ses ancêtres. Fille d'un siècle plus sceptique et plus passionné, elle abdique à l'arbitraire d'un homme un passé glorieux et un avenir incertain.

Liberté, liberté, est-ce donc là ton titre de gloire, et ton règne ne sera-t-il autre chose que le triomphe honteux de la force brutale?

Poursuis vaillamment ton œuvre impie, marche le front haut dans la voie de l'iniquité, promène dans tous les degrés de la hiérarchie sociale tes ondes turbulentes et dévastatrices;

Démoralise dans tes excès le plus fougueux de tes adeptes, républicanise lâchement tous les renégats et tous les malfaiteurs;

Souffle sur la France catholique une brise immorale, soulève contre le monument séculaire de nos libertés une tempête orageuse, la France pliera, mais ne rompra point ;

Proclame hautement que le cléricalisme c'est l'ennemi, nous dirons, nous : Gambetta, c'est l'ennemi; Gambetta, c'est la guerre, et où sera la vérité? L'avenir le dira, l'histoire l'appréciera, la postérité jugera.

Déjà l'expérience et les faits de tous les jours renferment bien des choses, car, à l'influence dictatoriale d'un despote ambitieux, nous devons aujourd'hui attribuer la haute gravité d'une guerre orientale, dont l'avortement n'est dû qu'à l'intervention pacifique des cabinets européens.

Gambetta veut la guerre, oui, il la désire et il l'aura, ne vous y trompez point, car le rêve de sa grandeur future lui montre un seul moyen d'y parvenir. La guerre, pense-t-il, en précipitant la France dans une catastrophe, l'appellera au lendemain de notre chute au souverain pouvoir.

Or, qu'a-t-il fait jusqu'à ce jour de contraire à ces données si évidentes? Quelle politique occulte n'a pas plongé le pays et le gouvernement lui-même dans l'ignorance des complots tacites du maître de l'opportunisme?

Il faut lire dans la correspondance diplomatique du cabinet d'Angleterre quel rôle odieux le ventripotent du Palais-Bourbon exerce en Orient. Trente mille fusils et je ne sais plus quel nombre de soldats étaient à la merci de la Grèce, qui, ainsi de connivence avec Gambetta, aurait pu entraîner dans une conflagration européenne toutes les puissances coalisées. Et quel eût été ou quel sera le sort de la France ? Les résultats de notre politique intérieure nous le dictent surabondamment. La honte d'une défaite, le mépris universel, l'échec de nos armées, la ruine de notre flotte, la désorganisation des finances, déjà si compromises par le tripotage sans contrôle de tous les parasites du budget ; enfin, un de ces malheurs déplorables que l'on ne trouve çà et là dans l'histoire que dans la période néfaste d'un peuple en décadence.

Que le lecteur juge maintenant des actes de notre dictateur, qu'il dise où se trouve l'ennemi ; sans doute, pour faire la guerre, il faut des soldats ; pour voler au secours de la Grèce et lui fournir des troupes, il faut des hommes ; pour obvier aux désastres d'une révolte sur le sol de nos colonies ou, pour mieux dire, afin d'habituer les jeunes ecclésiastiques à vivre dans la sphère opportuniste, où tous les vices s'implantent sans le moindre contrôle de la probité ; pour tout cela, M. Gambetta ne désapprouve point l'obligation ou l'assujettissement au service militaire des ministres de la religion. Cela, d'ailleurs, porte un coup mortel à l'Église de France ; partant, les hommes athées, les impies et les francs-maçons ne peuvent tolérer du retard. En dépit des violations les plus flagrantes de tous les traités et de toutes les lois, toujours au nom de la liberté, en France, le culte catholique sera aboli, car le catholicisme, c'est-à-dire la religion, ses ministres et ses prêtres ; voilà l'ennemi.

Et si vous objectez maintenant que c'est le manque de patriotisme qui favorise le recrutement de prêtres, si vous prétendez que c'est la crainte de l'ennemi ou le danger des combats qui épouvante le séminariste et le soustrait au service de sa patrie, je vous mettrai en face de ce même séminariste à l'époque néfaste de nos malheurs, afin qu'à l'œuvre vous appréciez son dévouement et son mérite.

Sur le champ de bataille, vous constaterez enfin si la religion est inconciliable avec le courage et le patriotisme.

. Au nombre des victimes, vous compterez tous les degrés des héroïques efforts des soldats du Christ.

La tribune française applaudissait naguère chaleureusement aux assertions de Mgr Freppel, évêque d'Angers, sur l'attitude des séminaristes pendant la dernière guerre.

Nous les reproduisons ici, car elles renferment intrinsèquement la réponse aux calomnies des adversaires, en même temps que le récit authentique des glorieux services rendus à la patrie par ceux dont on méconnait à l'heure présente la générosité :

En 1870, s'écrie l'éloquent prélat, en face de l'étranger foulant le sol sacré de la patrie, à une de ces heures tristement solennelles, comme il ne s'en rencontre que trois ou quatre dans l'histoire de notre pays, j'ai écrit cette circulaire :

« Nous sommes à un de ces moments solennels où le salut de la patrie exige des efforts suprêmes de la part de tous ses enfants. Jusqu'ici, le clergé s'est montré à la hauteur des circonstances difficiles que nous traversons. Il est à son poste dans les ambulances, sur le champ de bataille, recueillant les blessés et prodiguant les secours de la patrie. Mais le devoir a grandi avec le péril ; les dévouements ordinaires ne suffisent plus à la situation que nous ont faite des capitulations désastreuses ; il faut que la nation se lève tout entière pour repousser loin d'elle la honte et le déshonneur. Or, c'est au clergé à donner l'exemple.

» Sous l'empire d'une législation protectrice de la religion, de ses intérêts et de ses droits, les élèves du séminaire ont joui jusqu'à présent du privilège de l'exemption du service militaire.

» Mais aujourd'hui, en face de la France humiliée et meurtrie, je n'hésite pas à croire que mes braves séminaristes sont prêts à renoncer d'eux-mêmes à ce privilège jusqu'à ce que l'étranger soit chassé du territoire français.

» C'est pourquoi, voulant concilier le respect des saints canons avec le devoir qui incombe à chacun de contribuer selon ses forces à la défense nationale, je vous charge, Monsieur le Supérieur, de veiller à l'exécution des mesures que je viens de prendre.

» Ceux d'entre les élèves des séminaires qui sont déjà engagés dans la cléricature se tiendront à notre disposition pour servir d'infirmiers dans les ambulances.

» Quant aux autres, qui ne trouveraient pas d'empêchement dans la faiblesse de leur complexion, je vous prie de leur faire savoir que je les verrai avec plaisir s'engager dans la garde mobile, ou dans la garde mobilisée, ou dans les légions de MM. de Cathelineau et de Charette. Déjà une vingtaine ont, je le sais, devancé mon appel, et je les en félicite : ou ils tomberont martyrs de la patrie, et ils auront rendu à la religion le plus signalé des service, ou ils reviendront au séminaire avec l'auréole du dévouement et du devoir accompli, et le sacerdoce ne comptera pas de membres plus sacrifiés, plus honorés aux yeux des populations par l'épreuve du sacrifice.

» Quoi qu'il puisse arriver, nous aurons fait tout ce qui dépendait de nous pour le salut de la France, notre mère à tous. »

Le patriotisme d'un tel langage, l'héroïsme des jeunes séminaristes dans la dernière guerre, ont suscité sans doute d'universels applaudissements au sein du Parlement, peu habitué, d'ailleurs, à enregistrer la même ardeur dans les rangs de ses adeptes.

Qu'importe, toutefois, épouser le Concordat, c'est-à-dire toute loi qui favorise en quelque point la religion, c'est octroyer au gouvernement de la République le stigmate du déshonneur. La République ne veut pas de Dieu, elle doit donc avoir, d'après M. Veuillot, un Dieu de fer, pour se précipiter plus tard dans la boue, où elle périra, car, en aucun temps, même au nom de la liberté, la révolution n'a été permanente. Elle est l'instrument d'un plus grand bien, c'est-à-dire la transition d'un peuple en décadence, à la noblesse de son état primitif, la garantie d'une moralité plus parfaite, d'une religion mieux respectée.

La lumière est fille du chaos; la paix, la vérité et la justice surgissent aussi de l'anarchie, de l'imposture et du despotisme.

Voilà pourquoi on insulte et on outrage notre religion, mais voilà pourquoi, néanmoins, nous avons un gage de notre réhabilitation.

Qu'on bannisse le prêtre, qu'on l'arrache au service de son Dieu, momentanément cela n'est pas irréalisable, car nous n'en sommes point au terme de toutes les turpitudes; toutefois, cela nous indique que le soleil de l'opportunisme en arrivera à son déclin et que, sur son ombre éphémère, s'implante irrévocablement le règne de Dieu et, partant, tout ce qui offre à un peuple les meilleures garanties, c'est-à-dire la paix, la justice, la vérité et l'honneur.

CINQUIÈME PARTIE

---*---

AU NOM DE LA LIBERTÉ, DE L'ÉGALITÉ, DE LA FRATERNITÉ

LE COUP DE GRACE

Nous avons dit ce que le fanatisme liberticide réalise dans un cours de plus en plus impétueux.

Nous avons parcouru quelques-unes des étapes où la Révolution ne séjourne que pour laisser des traces ineffaçables de ses violences et de ses excès.

Un passé glorieux s'efface devant l'incertitude de l'avenir et l'iniquité du présent.

Il y a à l'horizon un je ne sais quoi d'indéfinissable et de monstrueux qui devient le présage d'une catastrophe épouvantable; d'épais nuages nous enveloppent dans un vague indescriptible.

Le ciel politique est des plus menaçants; les ténèbres de l'irréligion grossissent outre mesure; l'aquilon des passions souffle dans les zones démocratiques. Les éclairs disparates de l'opportunisme et de l'intransigeance se croisent et s'entrechoquent, la tempête révolutionnaire s'irrite, des vagues dévastatrices mugissent aux abords de la capitale.

L'édifice social s'écroule sous l'effondrement universel des institutions séculaires et grandioses. Une de ses colonnes, qui atteste de son inébranlable fermeté, cède sous les coups d'un despotisme honteux.

Tout prend aujourd'hui une telle proportion que la sécurité est désormais bien compromise.

La religion abandonnée, ses principes méconnus, les congrégations expulsées, que reste-t-il?

La magistrature, l'armée, la jeunesse! Étrange prétention! Hyperbole fantaisiste! La magistrature n'a plus en République aucun prestige, sauf pourtant celui de l'honneur. Que les magistrats démissionnent, qu'ils abdiquent leur charge pour sauvegarder les droits de leur conscience, cela leur est permis; mais ce qui ne l'est plus, c'est de juger en dernier ressort en matière de crimes ou d'attentats contre la liberté, c'est de juger d'une façon impartiale l'outrage fait aux congrégations iniquement maltraitées, pour lesquelles il n'y a d'autre justice que la justice même de M. Cazot.

L'armée! Elle rougit de son asservissement, elle n'a point assez de mépris pour flétrir l'audace qui humilie pareillement au siège de quelques moines et sa devise et sa liberté.

On insulte à tout ce qu'elle a de grand à la tête de ses phalanges et d'illustre dans les rangs de ses vaillants capitaines. La calomnie, l'outrage, l'infamie, s'insurgent contre son honneur et son intégrité.

L'état actuel de la société en France représente un aspect bien douloureux, car rien ne nous rassure, tout nous émeut, tout est à craindre.

Sur le sol de nos colonies pullulent des tribus audacieuses, que l'inorganisation de notre pouvoir insurge contre l'armée française. Il y a au-dessous de cette question de rebelles divers signes qui prêtent fort à de graves conjectures.

Un souffle peut allumer l'antagonisme en Orient et en Occident, comme une étincelle peut convertir en un immense champ de bataille l'Europe entière, tant l'effervescence est grande, tant notre prestige est amoindri.

En moins d'un an, nos annales auront enregistré plus d'horreurs que les annales de plusieurs siècles :

Guerre aux congrégations, fermeture de tous les établissements où l'on enseigne encore une doctrine ;

Attaques incessantes contre la presse conservatrice ;

Démission et révocation des fonctionnaires qui oseront en appeler à leur conscience ;

Surabondance d'écrits irréligieux et de feuilles pornographiques ;

Ruine du clergé et de la religion par l'assujettissement des ecclésiastiques au service militaire ;

Ruine du contribuable, parce que l'impôt doit grandir au fur et à mesure que nos dettes augmentent.

Or, l'emprunt d'un milliard, que les parasites du budget regardent comme indispensable, à qui et à quoi le destine-t-on ?

Nullement à soulager la misère publique ;

Nullement à faciliter les progrès du commerce et de l'industrie.

Le peuple en supportera toutes les conséquences sans en avoir connu les avantages.

Toute sécurité individuelle et sociale est on ne peut plus compromise par les haines d'une secte franc-maçonnique et par l'élément révolutionnaire, dont les flots grossissent plus que jamais outre-mesure.

Cher lecteur, fût-il jamais tableau si navrant, jamais situation plus douloureuse ; jamais, enfin, la France a-t-elle été le théâtre de tant de monstrueuses iniquités ?

Nous traversons un impasse peu à l'abri de dangers bien menaçants. On veut semer encore et propager partout l'illusion et la supercherie.

Il faut que l'opportunisme, c'est-à-dire cet élément audacieux, source première de nos malheurs et de notre détresse ; il faut, dis-je, qu'il triomphe aux élections prochaines, et, après cela, si nous n'y prenons garde, où irons-nous ?

A grands pas vers la ruine ;

Forcément, sinon librement, entre les bras de la Révolution ;

Nécessairement, à l'anarchie, à la dépendance, à l'esclavage, et ainsi, inévitablement, à la servitude.

Telle sera la conséquence de notre tiédeur, tels aussi les résultats de notre indifférence, car, pour obvier à l'incertitude de l'avenir, pour remonter le courant impétueux des haines anti-sociales et franchir hardiment les voies périlleuses où nous pérégrinons, nous avons moins besoin de condescendance que d'héroïque fermeté, car, ni le mépris ni le ridicule ne désarmeront jamais un ennemi tant et si bien flétri par l'odieux même de ses exploits.

Nous devons demeurer unis étroitement : la lutte, en effet, sera longue et périlleuse. Il nous faut l'ardeur indomptable de ces athlètes d'élite qui ont pour fin la bonne cause.

Mais, de rechef, que la France n'abdique plus au rêve de l'ambition sa grandeur et son prestige. Nous pérégrinons depuis un siècle déjà dans des crises qui, périodiquement, nous précipitent dans la ruine et le déshonneur. Faisons trêve une fois à cette indifférence coupable qui sert de base à un despotisme ridicule dont l'histoire ne pourra taire les attentats et les turpitudes.

Chers lecteurs, la Commune pourrait être maîtresse pour un instant de nos destinées, que notre patriotisme devrait grandir avec le danger. L'histoire de notre siècle nous apprend surabondamment que la violence n'est que transitoire et que la persécution n'a jamais été permanente. Qu'on nous exécute irrévocablement, qu'on propage l'enseignement sans Dieu, qu'on pervertisse quelques âmes avilies déjà par de pernicieuses habitudes, qu'on submerge notre chère patrie dans les flots impurs de l'irréligion et du dévergondage, tout cela est l'œuvre de notre siècle et de notre époque. Toutefois, à l'instar de tant d'illustres athlètes qui ont lutté victorieusement contre l'audace et le paroxysme du jacobinisme, nous ferons un généreux appel à notre courage, à notre inébranlable fermeté, pour le triomphe de notre foi et les intérêts d'une nation qui n'a d'autre devise que celle-ci :

Dieu, vive la liberté, vive la France!

TABLE DES MATIÈRES

ERRATA

Page 10, ligne 27, au lieu de *feraient,* lisez *feront.*
Page 15, ligne 13, au lieu de 99, lisez 89.

Montauban. — Imprimerie Nouvelle, 1, place d'Armes. — J.-E. BALLARD.